© SUSAETA EDICIONES, S.A.
C/ Campezo, 13 - 28022 Madrid
Tel.: 91 3009100 - Fax: 91 3009118
www.susaeta.com

Cualquier forma de reproducción, distribución, comunicación pública o transformaciónde esta obra solo puede ser realizada con la autorización de sus titulares, salvo excepción prevista por la ley. Dirijase a CEDRO (Centro Español de Derechos Reprográficos) si necesita fotocopiar o escanear algún fragmento de esta obra(www.conlicencia.com; 91 702 19 70 / 93 272 04 47).

LAS BRUJAS

Ilustrado por Jordi Busquets

LEO y VEO

susaeta

LAS BRUJAS

Cuando llega la 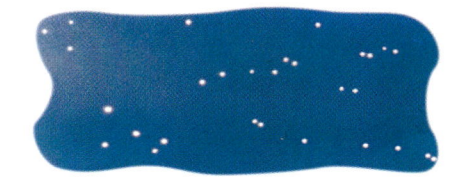 y todos , empieza la  de las temibles . Al despertar, para ver si son más feas, se miran en el  y luego se van volando en sus , sin olvidar llevar a su mascota, la .

En las 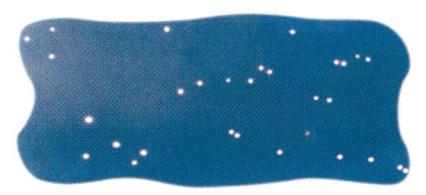 de  suelen viajar en sus . Hay muchísimos tipos: las más modernas utilizan 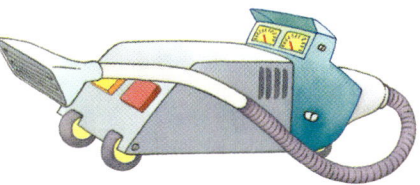 y otras 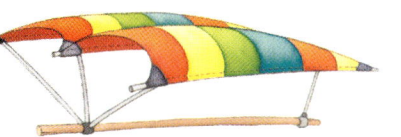. ¡Biiip-biiip! ¡Pobres ! Algunas brujas conducen como verdaderos .

Se ponen un 🟡 diferente cada 🌌, eligen un par de 👞, se tocan con un 🎩 y salen. Se adornan con frutos de 🌵 sobre la piel, como si fueran 🥟. Para terminar, se ponen una 🐭 en el bolsillo y salen.

Las  salen de sus  para perseguir a los  en las noches de  . Estos se defienden agitando fuerte sus  y escupiendo  . Sus aliados más fieles son los inseparables  , que les acompañan en la lucha.

LA COMIDA

Lo que más les gusta comer a las  son los  vivos con salsa de  podrido, huesos de  y ojos de , todo con mucha . Organizan grandes fiestas y  con el zumo de muy jóvenes y tiernas.

LOS NIÑOS

A los 🧙 les encanta dibujar 👹 y espantarse unos a otros. Se alimentan con 🦂, pues sus mamás 🧙‍♀️ temen que los 🍦 los envenenen. Al ir a 🛏️ les cuentan tiernos 📖 que los espantan de miedo. ¡Es genial!

EL EMBRUJO

Pero lo que más les divierte es hacer sus 🫖. Se esconden del ☀️ y tejen sus planes. Sus embrujos preferidos son transformar 👑 en 🐸 y a princesas en 🕷️. A veces los les ponen un 🪞 y les devuelven el ⚡.